D1077759

CLAIRE BRETECHER

LES FRUSTRÉS 2

PREFACE DE JEAN DANIEL

© Claire Bretecher.

ISBN : 2 - 266 - 01931 - 7

PREFACE

Interrogé par une télévision étrangère sur la chronique **politique** qui pouvait le mieux représenter le Nouvel Observateur, j'ai répondu sans hésiter : la page remplie chaque semaine par les dessins de Claire Bretécher...

On a cru à une boutade. Et, dans une certaine mesure, à l'époque au moins (il y a plus de deux ans), c'était en effet une boutade. Mais, aujourd'hui, je n'aurais pas le sentiment de forcer le paradoxe en affirmant que la page des **Frustrés** est à coup sûr, en profondeur, et au second degré, l'une des chroniques les plus efficacement politisées de notre hebdomadaire.

C'est que je n'ai pas une conception "politicienne" de la politique. Je me soucie comme d'une guigne de savoir si tel ministre de centre gauche va remplacer tel autre de centre droit. Ce côté de notre métier à vrai dire m'assomme quand il ne me donne pas la nausée. La politique, c'est pour moi, pour nous, la vie dans la cité, les rapports entre les êtres, mais aussi les comédies que les êtres jouent à l'intérieur de ces rapports. Et pour dénoncer de telles comédies Claire Bretécher a quelque chose d'irremplaçable : la dérision.

En général, et avec un talent que je n'en finis pas d'envier tant il fait paraître nos éditoriaux bavards et sentencieux, nos amis dessinateurs accompagnent nos cris, illustrent (ou précèdent) nos indignations, accentuent nos polémiques. Claire Bretécher, elle, s'est placidement installée en travers de notre courant. Elle est l'obstacle rieur et le regard en biais. C'est en se tordant qu'elle met en histoires nos tics, nos réflexes, nos secrets accommodements avec le ciel des idéologies. Elle est notre contre-pouvoir. Et grâce à Claire il est désormais impossible de se prendre au sérieux au Nouvel Obs.

Grâce à Claire... Je la revois entrer dans mon bureau, distante, méfiante et têtue. Elle n'avait qu'une seule crainte : se laisser apprivoiser ou se laisser surprendre. Entrer dans le bureau d'un responsable, c'était visiblement pour elle entrer chez l'ennemi. Il ne fallait pas se laisser avoir. Un bureau c'est un piège. Surtout quand on est une femme et que le responsable se dit de gauche. Alors avec un scepticisme boudeur, elle a dit : "Je ne vois pas ce que je peux faire ici".

- Vous moquer de nous. - "Chaque semaine ?" - Oui, chaque semaine.

Elle m'a dit qu'elle ne vivait pas parmi nous. Je lui ai dit qu'elle nous devinerait en nous lisant, en nous regardant vivre et d'ailleurs en se regardant vivre elle-même.

- Mais si je regarde en moi, ce n'est pas vous que je trouverai. Je ne fais pas de politique et vous m'exaspérez souvent.

Je lui ai répondu que c'était la situation idéale, qu'il lui fallait traduire ses exaspérations. Elle est repartie toujours méfiante, mais perplexe et finalement tentée. Elle avait été complètement déroutée, c'est ce qu'elle dira plus tard, par ces intellectuels de gauche qui ignorent la chaise longue, pratiquent l'humour, se mettent constamment en question et quémandent la critique. De notre côté nous n'étions pas peu fiers d'avoir désarmé la plus rebelle des incrédules.

Et les dessins sont arrivés avec leurs personnages soigneusement caricaturaux soulignant que nous sommes faits pour exaspérer et que souvent nous nous exaspérons nous-mêmes. Pas l'ombre d'un masochisme dans ce comportement. La plus allègre santé au contraire. Dans cette période de mutation nous sommes tous des frustrés puisque nous n'arrivons pas à vivre au rythme éperdu des idées nouvelles que nous préconisons. Alors nous brandissons le miroir assumé des contradictions dans lesquelles les pharisiens enragent ou refusent de se reconnaître. Si dans une famille quelqu'un est assez tartuffe pour refuser la trop fidèle image de lui-même offerte par Claire Bretécher, il y a toujours un enfant pour dire : mais c'est précisément ce que tu as fait hier.

Le double langage, le snobisme ouvriériste, le parisianisme jargonnant, la révolution en chambre : rien n'échappe à Claire Bretécher. La difficulté moderne, parfois grotesque, que nous avons tous à aller jusqu'au bout de nos idées : voilà le sens implicite de tous ses dessins. Aller jusqu'au bout, cela donne Antigone ; mais s'arrêter en chemin, cela peut donner "les Précieuses". Comme on ne peut pas être Antïgone tous les jours, on donne dans "Les Précieuses" à chaque minute. Comment assumer entièrement l'établissement en usine, le gauchisme des fils de bourgeois, l'obscur langage de ceux qui prétendent s'adresser aux masses, le féminisme triomphant et l'éducation laxiste des enfants dans un même mouvement ?

Si Rousseau n'avait pas été Rousseau, comment aurait-on accepté de lui qu'il ait mis ses quatre enfants à l'assistance publique, au moment même où il concevait l'Émile, c'est-à-dire un traité sur l'éducation ? Bretécher éreinte en se jouant ce côté là de Rousseau. Elle est la servante de Molière, avec le féminisme en plus, qui incarne le bon sens et use de la dérision, mais toujours sur de savants et différents niveaux. Regardez un de ses meilleurs dessins : cette femme qui se plaint de l'être machiste, sexiste, dominateur, exploiteur avec qui elle vit. Elle se lamente et se révolte. Au dernier dessin de la bande on s'aperçoit que l'être dont elle se plaint est une femme. Triple lecture, mille niveaux. Le sexisme ne dépend pas du sexe. L'oppression est une répartition des rôles. L'aliénation c'est l'esclavage consenti. Ou alors cette femme est assez homme pour adopter l'image du mâle dans sa complaisante horreur. Si l'on dit tout cela à Claire Bretécher, elle raconte qu'elle n'a voulu que faire le récit d'une histoire drôle. Et cela non plus n'est pas faux. Cocteau souvent, et citant La Fontaine, disait la même chose.

Encore une réflexion, et celle-là, très personnelle. Pour moi qui considère que la plus grande pièce de théâtre politique de tous les temps est l'inépuisable **Tartuffe** de Molière ; pour moi qui estime que le premier grand film politique du siècle reste **Les Temps Modernes** de Chaplin ; pour moi enfin qui pense qu'il y a un usage politique du divertissement et qui ai une sainte horreur des romans à thèse, de l'avant-garde prêcheuse et des chansons édifiantes, je remercie Claire Bretécher d'être **d'abord** une excellente dessinatrice. Artisan et artiste, technicienne et professionnelle. Le reste, lui est donné de surcroît.

Jean Daniel

Histoire des Religions

UN HOMME SIMPLE

... je veux dire
et je n'hésite pas à le dire
parce que c'est VRAI
et NORMAL...

...encore qu'il faille expliciter
le concept de "normalité"
mais ça nous éloignerait
de notre propos

...je veux dire
qu'au niveau
de la DIS-TRAC-TION.

bien sûr je pourrais prétendre
que je cherche à intégrer
la demande culturelle
de la masse des travailleurs
ce qui ne serait d'ailleurs pas
entièrement faux ...

... mais je ne veux pas
me réfugier derrière
cet argument facile ...

je dis seulement
que, de temps en temps,
je dis bien " de temps en temps "
parce qu'il ne faut rien
exagérer ...

bien sûr c'est seulement
quand je suis crevé,
quand j'ai eu une journée
particulièrement épuisante...

...et je n'ai pas peur de le dire
je l'avoue très simplement
et ça me semble
très important...

...le soir, eh bien il m'arrive
de regarder des imbécillités
à la télé!

BRETECHER

DOUTES

écoute... je ne me rappelle pas exactement ce que tu as dit mais c'était... enfin je veux dire... ça m'a un peu surpris...
c'est quand j'ai parlé de l'autogestion?
voilà, c'est ça... tu t'es un peu défilé... enfin c'est l'impression que ça donnait...
ça m'embête ce que tu me dis!
si c'est ce que les gens ont ressenti c'est embêtant
c'est à dire que nous on te connait bien alors on est plus sensible à ça forcément

je me suis sans doute mal exprimé... c'était du direct c'est quelquefois difficile de se rendre compte...
j'imagine
tu penses que j'avais l'air en désaccord avec moi-même par rapport à mon livre ?
un peu un peu
ça m'embête... je m'en fous remarque mais quand même ça m'embête !

LES FLIPPÉS DE L'UNDERGROUND

Nevermore

En Afrique ils sont pas cons
ça fait longtemps qu'ils ont
trouvé la solution :
LE HAREM !

C'est pour ça que j'étais fait tiens.
toi aussi d'ailleurs
tu adorerais ça... si si !
pas la peine de prendre
tes grands airs...

et ça te rendrait plus aimable
parce que tu aurais
de l'émulation...
vous voudriez toutes
être ma favorite...

moi j'arrive
je claque des doigts
et vous voilà toutes les sept
languissantes à mes pieds
Parfaitement !

POUÈÈÈT

... dans lequel Raymonde Amineau
raconte la prise de conscience
et le combat des femmes Touboulés
de la tribu des M'Ba ...

BRETÉCHER

l'enfance nue

nous on n'en a pas tellement,
bon c'est pas grave,
c'est pas ce qui compte"

il faut comprendre qu'on ne peut pas
avoir un court, le jardin est trop petit
tu peux bien aller au club
comme tout le monde

Ô-DIEUSE!... alors je lui ai dit:
"écoute, nous on ne peut pas
avoir trois voitures, alors
quand maman a besoin de l'Austin
tu peux bien de temps en temps
prendre un taxi avec Ingrid,
ou même le bus, hein, après tout

"...figure-toi que tu as de la chance d'avoir une jeune fille au pair pour s'occuper de toi, moi quand j'avais ton âge chez papy et mamie, il n'y avait qu'une bonne"

alors mademoiselle ricane, prend des airs de martyr, la vraie gosse de riches... Ô- DIEUSE!

j'ai beau lui expliquer qu'on n'a pas les moyens d'avoir une piscine à Paris déjà bien beau qu'on ait celle d'Eygalières, c'est comme si je pissais dans un violon

LE PARTAGE DE MiDi

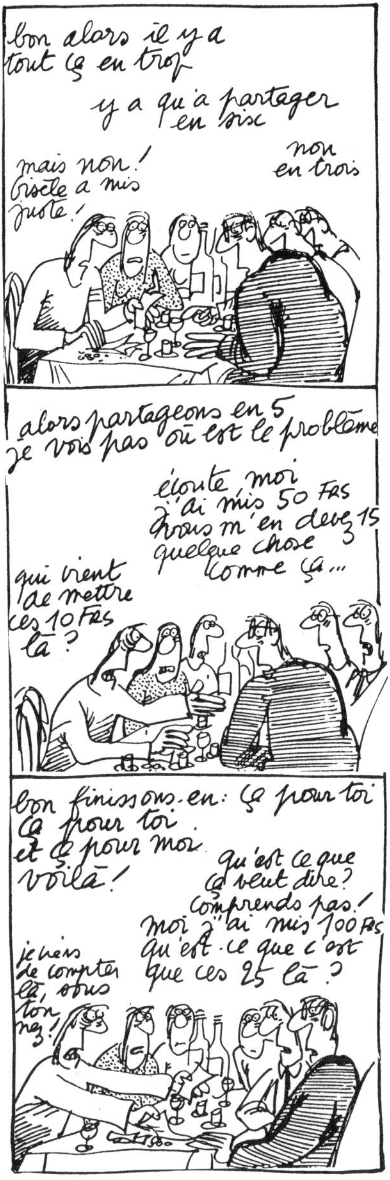

voyons... vous contestez
la pourriture d'un système
qui autorise la prostitution
pour en tirer du fric
par le biais de
la répression

justement...

...nous on demande
de pouvoir bosser tranquilles
sans être tout le temps
emmerdées...

parfaitement

mais vous bossez aussi
pour des proxénètes...
alors pourquoi
n'abordez-vous jamais
le problème du proxénétisme
dans vos revendications?

parce que c'est par là
que commence votre aliénation.
vous êtes des travailleurs
exploitées par un patron
oui ou non ?
t'as pas l'heure ?
Quinze heures vingt
ben dis donc Kiki
comment ça se fait
que t'es pas au boulot ?
on n'est pas jour férié
je parie
que pendant ce temps-là
ta nana fait du secrétariat
pour te permettre de penser...
arrête-moi si je dis
des bêtises

BELLE-MAMAN BLUES

oh comme on aime sa maman!
il est content de l'avoir
sa maman hein?
c'est qu'il ne la voit pas souvent
sa maman, le pauvre chat!

toi tu ne voulais jamais
me quitter, tu te rappelles?
quand j'ai dû aller
à la clinique
tu as pleuré
tout le temps...

de toutes façons
jamais
je ne t'aurais
confié
à des étrangers

tiens
ta poche est décousue,
tu n'auras qu'à
me confier ta chemise
je t'arrangerai ça...

BRETECHER

ODE A TINTIN

ah non, ah non, je ne vais quand même pas démissionner au point de laisser ma fille s'imbiber d'anti-communisme primaire à un âge particulièrement réceptif et influençable
laisse tomber!
rends-le moi
tu es d'une inconscience incroyable, j'estime que c'est très grave... les enfants sont déjà assez fachos de nature
ce que t'es chiant papa!
faut pas exagérer
et d'abord d'où sort ce torchon?
je l'ai acheté aux Puces avec mémé, avec MON ARGENT

si tu as fait un coup pareil, fille, je te tire mon chapeau
quand je pense que je l'avais étant gosse et que ma mère l'a jeté
4ème trimestre 73 c'est une ré-édition
ça m'aurait étonnée aussi
je renonce à éduquer cette gamine
c'est ça fiche-lui la paix!
BRETECHER

LA JOÏE DES MASSES

Votre film, Colas Dugommeau,
montre la lente montée
de la conscience de classe
dans une biscuiterie de Nantes,
c'est bien cela ?

c'est bien cela

Ca a été une expérience passionnante
dans la mesure où
nous avons tourné en vidéo
donc très vite ce qui donne
une grande spontanéité
au signifiant

Et vous projetez de projeter
ce film dans les entreprises
de la région parisienne ?

c'est cela et ce sera suivi
d'un débat politique
qui concretisera
les intentions du film

je voudrais dire
que le film de Dugommeau
est très intelligent !
pensez-vous qu'il y ait
un public potentiel
pour ce genre de film ?
En effet il faut admettre
que la consommation culturelle
du prolétariat n'est pas
de la meilleure qualité
Bien sûr, mais
que lui propose-t-on ?...
... projetez le film
de Dugommeau à 17 h 30
dans les vestiaires par lesquels
de toute façon les ouvriers
sont obligés de passer et vous verre
qu'ils acquerront un autre regard
dans une autre dimension ...
c'est un
exemple ...

je me fais délibérément l'avocat du diable, je sais que c'est un argument bas...
je vais pourtant le formuler brutalement sans précautions oratoires
..."les travailleurs n'ont-ils pas droit aussi à la distraction ?
BRETECHER

CITIZEN LUKE

"le dogmatisme obsessionnel
du conflit de classe
ne contribue-t-il pas en fait
à marginaliser
l'action révolutionnaire...

... en réfutant
la thématique univoque
de l'intégration sociale
malgré la prise de conscience
au niveau de la société
néo-bourgeoise?"

"La phénoménologie
de l'expansion démystifie
l'ambiguïté qui paralyse
la pensée marxiste
au-delà de la scholastique
des infrastructures..."

"Ainsi Robert Wramfnt
dans son avant-propos
a-t-il beau citer Ralbolski
le politologue et le moraliste
ne s'en nourriront pas moins
des valeurs mêmes
de l'universel !"

"... car dans la Contre-peinture
de Massot tout devient rythme
et ce rythme n'est que l'énergie
du désir qui décompose
l'empreinte du temps
en une désécriture modulée ...

"... la couleur est alors
plus que couleur et la non-couleur
plus qu'une absence de couleur
qu'on pourrait appeler "a-couleur"
le signifiant se confond alors
avec le signifié"

" La transcendance
est-elle la nécessaire jointure
de l'articulation structurale
(et non tant de l'esprit que du cœur)
réinventant le discours
métaphysique de notre temps...

... dont auquel par là même
Dieu ne serait-il pas,
oserai-je le dire, la seule
saisissante charnière ?
ô joie, ô colère sublime ! "

" I am a poor lonesome co...

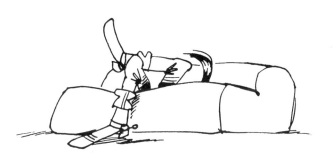

L'APPEL DE L'ESPÈCE

... alors pendant 3 semaines
je meurs de trouille d'être enceinte,
alors je somatise à mort,
j'attrape un goitre,
j'ai des migraines ...

alors je reprends ma pilule
et crac : j'en re-veux un

alors je me dis : ouais ...
faire un môme dans cette société ...
et puis le soir ... pour sortir
ça va être compliqué ...
et si je trouve un autre mec
ça va faire des problèmes ...

et puis je me dis
que c'est triste de vieillir
sans enfant... et puis
faut vivre cette expérience
quoi...

et puis pour mon boulot
c'est pas le moment...
ça fait dix ans que
pour mon boulot
c'est pas le moment

en plus quand on en a un
faut en avoir un deuxième
pour pas que le premier s'ennuie
et un troisième à cause
de la compétition entre
les deux premiers...

le secret du bonheur

C'est cours particulier sur cours particulier, test sur test pour voir si le chérubin, par hasard, ne serait pas surdoué, "Comment rendre mon enfant plus intelligent" etc etc... Ça y va, crois-moi!
évidemment si ton môme sort de l'ENA ou de l'X, O.K. il est tiré d'affaire, mais pense à la flopée de jeunes qui arrivent sur le marché avec une ou deux faillies licences!
d'ailleurs les employeurs commencent à refuser les diplômés... ils préfèrent les petits démerdards qui n'ont pas d'idées toutes faites...

et puis non seulement ça mais des travailleurs manuels on n'en trouve plus ! je connais une boîte d'intérim qui offre une prime de 1000 Frs à toute personne susceptible de lui INDIQUER un bon ajusteur !
ben je vais te dire, s'ils le trouvent, il pourra demander CE QU'IL VEUT le mec !
sans compter que le travail manuel c'est vachement équilibrant, d'ailleurs moi, quand je bricole je pense plus à rien, j'ai plus d'angoisses, c'est assez fantastique...

... si c'était à refaire je saurais dans quel sens aller, je te jure !
et moi donc !
et Etienne qu'est-ce qu'il veut faire?..
oh, comme les mecs de son âge : rien foutre... ou alors vaguement du théâtre
il en prendra plein la gueule mais si c'est ce qui lui plaît, tu sais moi hein !
du moment qu'il a son bac !
BRETECHER

LES AFFAMÉS DU DÉSIR

LES MAÎTRES DU MONDE

tu peux voir
tous les toubibs que tu veux
ils te diront tous
que c'est psycho-somatique

tu parles!
ils sont un peu contents
d'avoir trouvé ça,
ça leur évite
de se casser
la nénette

d'ailleurs les toubibs!...
t'as qu'à lire
ce qu'en dit Illich

remarque Illich
dit pas mal de conneries aussi,
non, ce qu'il y a
c'est qu'on mène
une vie trop
sédentaire

c'est évident,
d'ailleurs j'ai décidé
d'aller au boulot
en vélo

et puis on bosse trop!
regarde, moi,
en vacances, détendu et tout
je suis en pleine forme

je mets les à manche noir ou les à manche blanc ? il est joli ton presse-citron tu l'as acheté à Habitat ? Micheline a trouvé le même aux puces de Montreuil
laisse je vais le faire
non non ça m'est égal je t'assure

FANTASIA

nouveaux contes de fées

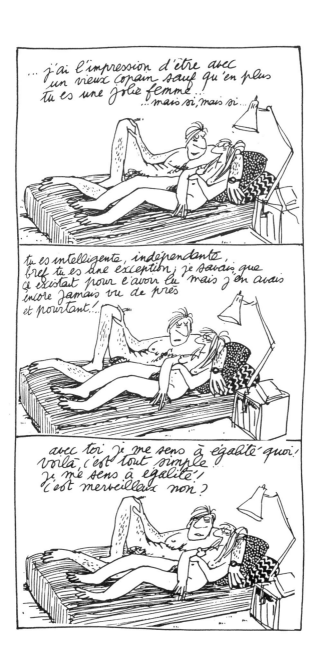

DIES IRAE

HÉROS SANS FRONTIÈRES

Pour Pâques on loue une baraque en Andalousie, dans un patelin paumé EX-TRA

C'est sympa de pouvoir enfin aller en Espagne

on avait juré de pas y mettre les pieds sous Franco

quel déchirement pour lui

oh toi évidemment

et puis un pays où on vous fout en taule pour le moindre accident de bagnole effectivement ça fait hésiter... y en a qui osaient remarque...

si toi tu es pour le français moyen irresponsable qui allait s'agglutiner sur la Costa Brava avec des Belges c'est ton problème...
alors qu'il aurait pu aller au Sénégal
la question est de ne pas cautionner un régime pourri point final
posant ainsi un acte politique à haut risque
ecoute Jean-Louis ça commence à bien faire
laisse-le il a sa crise
excusez-moi, c'est le manque de calcium quand je manque de calcium il m'arrive d'attaquer le dogme

NOS CONSCIENCES

il doit pas payer le garçon
des sommes folles
tu vois ce que je veux dire ?

eh ben au fait
y a qu'à donner le billet
au garçon

eh ben voilà !   attends
                      attends...

qu'est ce qui te dit
que le garçon va le garder ?
qu'est ce qui te dit qu'il ne va pas
le donner illico au patron ?

c'est juste.
tu as raison

à mon avis le garçon est complètement aliéné par son boulot et vachement respectueux de la hiérarchie
oui et s'il rend les 10 sacs au patron on n'aura fait que l'enfoncer dans son aliénation
à tous les coups
ça c'est sûr!
bon écoutez on paie l'addition avec et puis c'est tout
difficile de faire autrement...
c'est quand même insensé d'être obligés d'en arriver là!
BRETÉCHER

GUIGUITTE ET LES HOMMES

LE PIGISTE

de quand date
votre facture s'il vous plaît ?
... fin octobre ... ouiiiii ...
conservez je vous prie

alors moi je lui ai dit : Ecoute donc, si tu veux pas payer la moitié du loyer, t'as qu'à te tirer parce que moi, chuis pas ta mère, alors il me dit ouais bien, je paie déjà la bouffe alors tu peux payer le loyer c'est normal alors je lui dis...
Monsieur Blanchard j'ai un monsieur au bout du fil pour une histoire de facture...

tu comprends
je me fais des mecs
je m' fais des mecs
bon, et puis après ?

L'autre jour j'arrive au Lux-Bar,
qui est-ce que je vois ? Albert,
Marc Lemercier, Dugommeau,
Robert et chais plus qui, les cinq
à la même table ... eh ben
je me suis aperçue que je
me les étais faits tous les cinq...

Dugommeau
c'est un bon coup ?

pas mal

mais Lemercier est nul, avec lui tu comptes les mouches, en plus il a un petit zizi j'ai horreur de ça
BÂÂÂÂ
oh, j'ai oublié de te dire : j'ai un petit sentiment pour Bernard
oh non pas Bernard !
moi qui l'ai pratiqué je peux te dire qu'il n'y a pas plus égocentrique
ouais t'as peut-être raison

et puis baiser
ça demande une telle concentration
après tout je crois
que je vais arrêter...

ça ne te fait rien
si je ricane?

A ton avis
est-ce qu'ils me trouvent
très libérée
ou complètement paumée?

BRETECHER

L'ENFANT à NÉVROSE

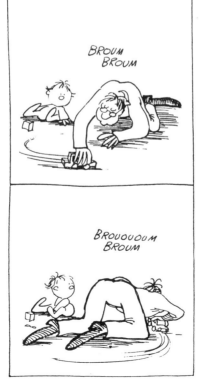

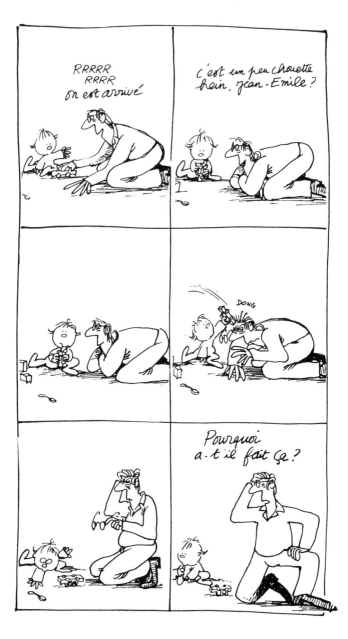

HISTOIRE

À SENSATION

Dugommeau a eu une gifle !
hein Dugommeau c'est vrai ?
c'est Lemercier qu'a donné une gifle à Dugommeau...
qu'est-ce que tu vas faire Dugommeau
ça fait quoi comme effet ?
Dugommeau tu flippes ?
je ne sais pas ce qui m'a prise ... cinq heures de cours ... c'est parti tout seul
... après le procès j'irai faire du mouton dans les Causses...
allons allons !

BRETECHER

STILLE NACHT

ça ne fait que 5 heures 3/4 et on peut rester deux jours...
hors de question, je dois être rentrée le 2 !
mais enfin tu sais bien que ça leur fait plaisir
si nous parlions un peu du sens de la fête ?
bon mais cette année Baba et Léonce ne peuvent pas y aller alors si nous, en plus, on n'y va pas c'est le drame total !
ça alors c'est extra !

cette année on doit y aller parce que Baba et Léonce n'y vont pas et l'année dernière on a dû y aller parce que Baba et Léonce y allaient et il fallait que tout le monde soit réuni !
alors MOI je dois aller sans discussion chez LES TIENS à Noël et TOI tu n'irais pas chez LES MIENS au Jour de l'An ? Explique-moi ça !
les miens sont plus marrants et ils habitent plus près !
et d'ailleurs je ne t'ai jamais forcé à aller chez les miens
on croit rêver...

bon, d'accord pour cette fois
mais l'année prochaine
on leur explique
que c'est
plus possible
C'est ce que
je suggère
depuis 10 ans !
il y a celui
de 15 h.15
ou alors
celui de
19 h 50
BRETÉCHER

CHER BIENFAITEUR

Alors tu me donnes ta démission
parfait parfait parfait !
et tu estimes que
tu en as
le droit ?

Je vous ai
donné mon
préavis

Il n'est pas question de préavis,
t'ai-je donné ta chance oui ou non ?
t'ai-je formée, oui ou non
t'ai-je appris ton métier
oui ou non ?

tu te rappelles dans quel état
tu étais quand je t'ai connue ?
RÉPONDS !

oui mais ...

oui mais quoi ! Trouves-tu que ton attitude soit propre ?
c'est que...
assez de salades ! quelles sont les VRAIES raisons de ton départ ? allez, vas-y
ben au point de vue argent...
AH voilà, le mot est lâché : LE FRIC !... bravo ! toi au moins tu es franche...
il y a aussi la Sécurité Sociale et les vacances...

seulement pour toi la PAROLE ça ne compte pas! la CONFIANCE ça n'existe pas!... mademoiselle exige du papier, du palpable! eh bien NON!
NON! je suis contre les contrats, je ne veux pas lier les gens contre leur gré... je suis pour la LIBERTÉ je ne suis pas un esclavagiste
et tu en profites pour te conduire comme une SALOPE!
BRETECHER

CUISSE DE NYMPHE

je suis au bord du suicide
j'ai passé l'après-midi
à essayer des maillots

l'éclairage
de ces cabines d'essayage
est à se flinguer

je me demande vraiment où les nanas mettent leurs fesses, je te jure, les slips sont tous taille 8 ans
d'ailleurs je renonce. le mieux à faire c'est de ressortir mon vieux de l'année dernière
de toute façon le contenu est plus important que le contenant
après ce que j'ai vu dans la cabine d'essayage je renonce également à m'occuper du contenu.
ah? ben moi j'essaie d'en faire un minimum

un peu de gymnastique
un peu d'ultra-violets
un chouïa de gant de crin
pour quoi faire
le gant de crin ?
tu sais bien ?
pour les granulés
en haut des cuisses...
je me fous
de mes granulés
et même
je les aime !
et si un phallocrate
te passe la main
là ?
si un phallocrate
me passe la main là
moi je fais ça !

oh remarque tu as raison mais moi je n'ai pas le courage de décrocher
moi c'est réglé et c'est un vrai soulagement
Sophie n'a pas dit l'autre jour que rue du Four il y avait des maillots pas mal ?
BRETÉCHER

aliénation

dans un sens c'est sympa de partir pour des raisons de boulot parce qu'alors moi, si c'est pour jouer les touristes...
moi non plus je peux pas supporter
mais d'un autre côté t'as le temps de rien faire et puis finalement, tu reviens, t'as rien vu...
j'en sais quelque chose...
enfin... moi je pars en Corse juin-juillet
juin-juillet tu t'emmerdes pas !

oui mais j'emporte du boulot qu'est-ce que tu crois? moi à Paris je peux plus bosser!
moi pareil
c'est des déjeuners tous les jours... c'est le téléphone... non c'est pas possible!
je sais c'est plus possible
En Corse je bosse six heures par jour tranquille, à l'aise... on bouffe trois tomates. terminé...
moi l'été dernier en Grèce j'ai vachement bossé

au fait
et le film ?
je t'ai pas dit ?
en fin de compte
Pierre est O.K.
pour qu'on tourne
en Thaïlande
alors on attend les visas...
tu peux pas savoir
les démarches que c'est !
je deviens dingue...
dur !
dur !
Très dur !
BRETÉCHER

LES VAMPIRES

Ha, voilà l'article-choc
de printemps
sur la cellulite !

Chouette ! on va de nouveau
séparer les nodules graisseux
et dissocier les cloisons
fibreuses

Non, cette fois
on dissout
la graisse
fibrosée

ah

et on nous injecte
on on nous ionise ?

on nous injecte
des corticoïdes

bravo!... les substances radioactives ce sera pour l'article de septembre
Il était une fois un docteur X...
et une demoiselle D qui, à la veille de se marier était désespérée par son bassin volumineux...
c'est rarement le mec qui est désespéré par son bassin à la veille de se marier!
dès la 5ème séance mademoiselle D avait perdu 15 cm de tour de cuisse
Record battu j'espère que Dr X a planté un drapeau sur ce qui restait

attends attends, c'est prodigieux les corticoïdes font non seulement fondre la graisse mais aussi les muscles qui ont une forme défectueuse
les salauds ! bientôt il vont nous attaquer au marteau-piqueur
écoute ça : si tu n'as pas de taille, Dr X t'en SCULPTE une c'est ce qu'il a fait à madame G...
j'espère qu'il s'est arrêté à l'estomac...
madame G n'en croit pas ses yeux !
Ainsi tous les jours la science fait un pas !

LE REPOS DU CADRE

alors qu'est-ce que
tu me racontes ?
dis donc t'as bronzé ?

ouais, j'étais
dans l'Indre

un stage de créativité
payé par la boîte,
mais vâchement bien...
une espèce de manoir aménagé
super luxe, très chouette.

et ça a consisté en quoi
ce stage ?

ben le premier jour
on t'apprend à te concentrer
et à te déconcentrer,
par la respiration, tu vois

après tu vas bouffer,
après t'as des débats sur le créatif
mais très libres, pas du tout directifs,
t'es en cabine individuelle
avec des écouteurs... après tu bouffes,
tu te détends...

le deuxième jour on te projette
des couleurs sur un écran télé
quand ça t'évoque quelque chose
t'appuies sur une touche...

par exemple si ça t'évoque
un oiseau t'appuies tu la touche o
ça détermine une autre série
d'images etc... après on va bouffer
on bouffe vachement bien
d'ailleurs

y a un certain nombre de trucs,
y a des tables rondes
avec des artistes connus
très nympas

ils t'expliquent comment
ils trouvent leurs idées, tout ça,
tu bouffes avec eux,
décontract...

ceci dit on ne bosse pas
toute la journée, y a beaucoup
de temps libre... y a une discothèque
une salle de projection,
un auditorium
c'est bien foutu...

on est dans un parc
assez chouette, piscine, saunas,
on bouffe bien, y a des chevaux,
y a des hôtesses pas mal...

ça doit coûter chaud à la Boîte
mais enfin si ça peut donner
des idées à la promotion
du Sanitaire en France
moi je veux bien

en tous cas c'est pas mon problème
en ce moment je ne pense qu'à
une seule chose : les vacances.

BRETÉCHER

la biaiseuse

écoute, moi j'en ai super marre des discussions à propos des vacances on n'a qu'à faire ce qu'on dit depuis des années : aller chacun de son côté
entièrement d'accord
je te signale seulement que quand je l'ai proposé l'année dernière, tu as poussé des hurlements
qui, moi j'ai poussé des hurlements ? non mais on croit rêver !
c'est toi qui disais qu'on n'avait pas assez de fric et...
absolument pas. tu déformes comme d'habitude

Bon alors c'est décidé, on part séparément O.K? Comme ça moi je vais à Rhodes avec les Lemercier et toi à Pétaouchnock si tu y tiens...
O.K. mais ne viens pa me dire demain que tu as changé d'avis
avoue quand même que ce qui t'intéresse là-dedan c'est te faire sauter tranquillement
BRETECHER

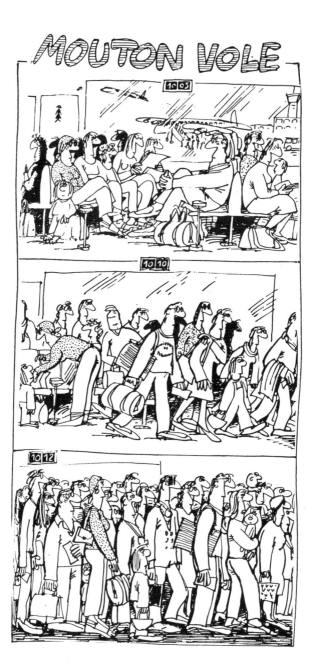

culte

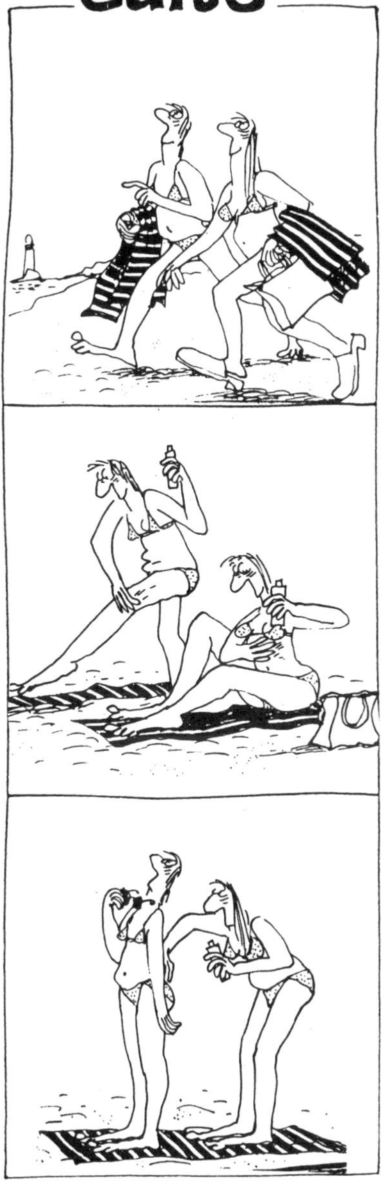

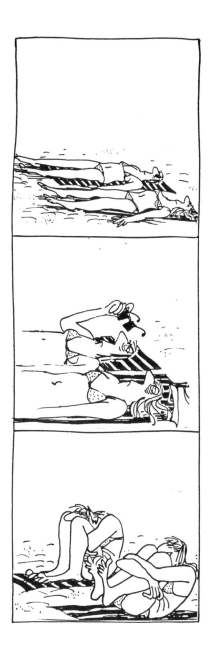

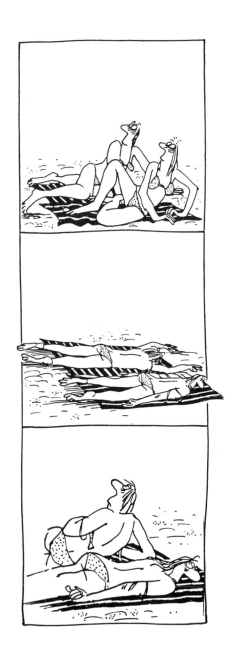

BRETECHER

le vice et la vertu

remarque ils ne vivent pas mal, ils mangent! les gosses sont beaux mais on fait quand même monter les prix
en fait!
il paraît qu'il y a deux ans un couscous c'était 200 millimes maintenant c'est 5,600... facile!
Qu'est-ce que tu veux il faut bien qu'ils en profitent!
c'est ce que je dis!
100 millimes monsieur?

en fait ils n'ont aucune éducation politique donc ils ont envie de posséder eux aussi. c'est logique
100 millimes monsieur ?
en fait c'est un viol économique et ne parlons pas du viol culturel !
100 millimes monsieur ?

FRIVOLITÉS

NOS AMIES LES BÊTES

MON CUL EST UN CAMION

le bras droit du directeur

d'accord... avec plaisir! juste le temps de trouver un job créatif et je me tire, salut!
ta gueule ta mère est là! je ne veux pas d'histoires avec la famille
bonjour mère
'man
bonsoir mes enfants

LES MÈRES-POULES

cela dit j'ai trouvé une fille extra qui a ouvert un cours d'expression corporelle
ça apprend quoi ?
SONIA RYKIEL
ASPI A RINE
à faire le con. Remarque elle a toujours eu des dons mais ça la canalise
oui, faut canaliser
SONIA RYKIEL
ASPI A RINE
le mercredi le mien va à des goûters de conversation anglaise c'est comme un goûter normal mais on n'y parle qu'anglais
c'est une anglaise qui organise ça
être bilingue c'est un tel atout pour un môme

j'ai entendu parler d'un atelier de créativité rue Félix Faure... c'est une ancienne élève des Arts Déco qui s'en occupe
si tu trouves l'adresse tu m'appelles
ce qu'il faut c'est ne pas les laisser inoccupés
je peux emmener Caliste au cheval avec Romaine si tu veux, le dimanche matin
oh dis donc qu'est ce que ça m'arrange!
il va adorer ça ça va le rendre vachement autonome

LE DOSSIER

je suis allée chercher ton costume au pressing, la tache a complètement disparu... dis donc, tu ne vas pas tarder à perdre un bouton là... je vais te le recoudre tout de suite
DRING
terminé monsieur
le service n'est pas compris

dis donc Marylène ne me dis pas qu'il est déjà six heures ?
six heures deux !
tu m'attends pour boire un coup
pas ce soir...
je me grouille j'ai promis à mon mari de l'emmener au cinéma
à demain Guiguitte
BRETECHER

la prochaine fois je vous inviterai en bonne et due forme avec bon de commande et tout, ça va ?
on verra espèce de phallocrate !
finalement c'est merveilleux une femme forte... ça va me changer... je crois que je commence déjà à m'y faire...
mh...
vous savez on se croit forte et puis un jour on s'aperçoit d'une chose :

as-tu seulement un bon gynécologue ?
oui oui
sinon tu peux aller voir Lemercier de ma part... il est très bien Lemercier il m'a très bien soignée
c'est rien
c'est rien, c'est rien ! à ton âge tu dois te surveiller très régulièrement ! je te parle en connaissance de cause ma petite fille

aussi avec ton machin, là, ton stérilet, on peut dire que tu les cherches les ennuis!
oh non écoute manman!
bon, je n'ai rien dit! As-tu des pertes?
MANMAN!
je peux quand même te poser des questions non? je suis ta mère jusqu'à nouvel ordre

le mieux ce serait que je passe prendre un rendez-vous chez Lemercier en allant aux Galeries
je te dis que c'est rien manman à la fin !
je l'espère mais deux précautions valent mieux qu'une... il est très sérieux Lemercier, très prudent
si tu as la moindre des choses il t'enlèvera tout on sera plus tranquille
BRETECHER

LES COLLABOS

et ton boulot ?... soi-disant qu'y avait que ça qui t'intéressait et maintenant tu vas habiter Rennes !... j'ai jamais rien entendu de pire de ma vie !
faudrait pas te pousser beaucoup pour te faire dire que c'est pour faire plaisir à ta mère.
hein que c'est pour faire plaisir à ta mère ? dis-le !... non mais dis-le !

Bon allez déconne pas quoi! c'est un moment de déprime, ça va passer... c'est pas possible...
bon dieu mais dis quelque chose Martine!
j'ai déposé une liste chez Habitat
BRETÉCHER

clinique Jeanne d'Arc

madame Dublé
entrée lundi 17 heures...
mmh...
vous avez votre
prise en charge ?

mademoiselle Dugland
voulez-vous venir me chercher
une appendicite
pour la chambre 38
s'il vous plaît ?

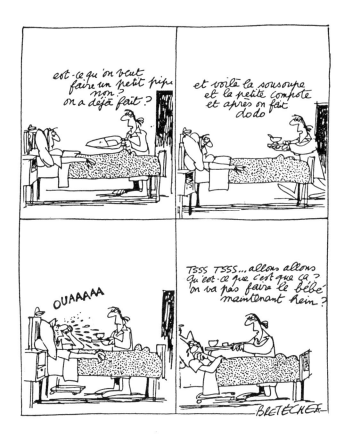

LA FEMME ET LA CREATION

je pose ma question différemment: vous a-t-on mis la main au panier?
je n'ai eu aucun problème parce que je suis une privilégiée
je suis une privilégiée, je suis une bourgeoise mon cas n'a donc pas valeur d'exemple!... d'ailleurs ce qui est intéressant c'est la création collective
je suis une privilégiée si j'ai réussi ce n'est pas de ma faute c'est la faute de la société!
oui mais en tant que ça...

l'Oeuvre de Janine Lemercier pour révolutionnaire qu'elle soit n'en reste pas moins œuvre de privilégiée... en pourrai-je jamais l'expier?...

bottez-moi les fesses s'il vous plaît

merci Janine Lemercier

BRETECHER

LES MILITANTES

ça devient plus possible
avec les nanas
j'ai envie de laisser tomber

quand on a créé le groupe "FEMMES"
on pensait qu'on pourrait développer
une action au niveau du quartier
tu vois...

alors on a organisé des tables rondes
de prise de conscience où les filles
pouvaient s'exprimer, tu vois.
eh ben depuis trois ans on n'a parlé
que de sexe, que de sexe,
Que de sexe !

après toutes les histoires d'avortement,
que j'ai entendues j'ai plus qu'une envie
c'est d'avoir six mômes...

elles disent
que je refuse de voir mes problèmes
de peur de me remettre en question,
bon, d'accord, mettons, à la rigueur

seulement quand je leur dis
qu'il faut trouver du fric pour acheter
une nouvelle roneo, elles disent
que je retombe dans
les schémas masculins

ça m'énerve
tu vois...

BRETÉCHER

MA MOITIÉ DE CITRON

jusqu'alors je ne me sentais pas concernée mais maintenant je commence à comprendre les féministes

sous prétexte que je suis sans boulot et que c'est pas moi qui gagne le fric je suis la bonne ici !

Stéphane est d'une famille bourgeoise alors tout doit être nickel dans la baraque; je passe mes journées à frotter comme une conne ..

et pour les repas
tu peux pas savoir ce que c'est :
il lui faut : entrée, plat cuisiné
et dessert élaboré
sinon c'est le masque !

je te jure que quand je me vois
le matin, à l'épicerie, avec
mon petit panier, faisant la queue
avec toutes ces bonnes femmes
je me dis : c'est pas vrai
c'est un rêve glauque !

j'admets que je suis
improductive en ce moment
alors autant que ce soit moi
qui le fasse, oké mais
on peut vraiment pas dire
que ce soit gratifiant

s'occuper de la boutique c'est du travail aussi d'accord, les clientes sont pas toujours marrantes, mais enfin on est dehors, on voit des gens !
en plus Stéphane devient d'une possessivité incroyable... faut que je suive ses états d'âme minute par minute...
pour te dire : j'ai même pas un endroit à moi où je puisse avoir la paix quand j'en ai envie...

je ne sais pas comment font les gens... moi je trouve que la vie de couple c'est infernal
voilà Stéphane...
qu'est ce qu'on mange ?
BRETECHER

IMPRIMÉ EN FRANCE PAR BRODARD ET TAUPIN
Usine de La Flèche (Sarthe), le 16-03-1987.
1581-5 - N° d'Éditeur 2374, mars 1987.

PRESSES POCKET - 8, rue Garancière - 75006 Paris
Tél. 46.34.12.80